우리말은
능동태다

우리말은 능동태다!
영어 틀리면 부끄럽고 우리말 틀리면 부끄럽지 않지요?

초판 1쇄 인쇄 2018년 10월 2일
초판 1쇄 발행 2018년 10월 9일

지은이 김홍식
펴낸이 김연희
주 간 박세경
편 집 서미석

펴 낸 곳 그림씨
출판등록 2016년 10월 25일(제2016-000336호)
주 소 서울시 마포구 월드컵북로 400 문화콘텐츠센터 5층 23호
전 화 (02) 3153-1344
팩 스 (02) 3153-2903
이 메 일 grimmsi@hanmail.net

ISBN 979-11-89231-03-3
값 9,500원

이 도서의 국립중앙도서관 출판예정도서목록(CIP)은 서지정보유통지원시스템 홈페이지(http://seoji.nl.go.kr)와 국가자료공동목록시스템(http://www.nl.go.kr/kolisnet)에서 이용하실 수 있습니다.(CIP제어번호: CIP2018030988)

우리말은 능동태다

영어 틀리면 부끄럽고
우리말 틀리면 부끄럽지 않지요?

김홍식 지음

그림씨

머리말

이 작은 책은 학술서도 아니요, 교양서도 아니다. 이 작은 책은 일제 침략자들에게 빼앗겼던 우리말을 되찾은 지 채 100년도 되지 않은(정확히 말하자면 광복된 것이 1945년이니까 이 책이 출간되는 2018년을 기준으로 80년도 되지 않았다.) 시대에 그때보다 훨씬 무참히, 게다가 더욱 절망적인 것은 거의 모든 시민들이 인식하지 못하는 틈에(아무리 문제가 심각해도 알면 해결할 수, 아니 해결의 희망이 있다. 그러나 인식하지 못하는 문제를 해결할 수는 없는 노릇 아닌가!) 소멸해 가는 우리말의 운명을 보다 못해 단숨에 써 내려간 통곡의 글이다.

나는 국어학자도 아니요, 우리말과 한글에 대해 국수주의國粹主義적인 사랑을 간직한 사람도 아니다. 다만 지구상에 존재했던, 존재하는, 존재할 모든 인류의 문화와 문명은 그 어떤 것도 간직해야 한다고 믿는 사람일 뿐이다. 그리고 우리말 또한 바로 그 인류의 문화와 문명 가운데 한자리를 차지하고 있는, 한 번 사라지고 나면 더 이상 복원復元이 불가능한 존재임을 아는 것뿐이다.

지구상의 모든 인간, 나라, 지역, 인종이 같은 삶, 같은 목표, 같은 성과를 추구하는 단일 지구 시대를 맞아 큰 것에 밀려 사라지고 강한 것에 밀려 소멸해 가는, 작지만 소중한 모든 인간의 발자취를 부디 잊지 않기 바라는 마음에서 이 책을 쓴다.
이 작은 책은 무너져 가는 우리말의 모습을 볼 때마다 가슴에서 치미는 분노의 먹을 갈아 써 내려갔다.

"잘 쓰고 있는 우리말에 무슨 문제가 있다고 분노憤怒니, 무참無慘이니, 소멸消滅이니 하는 단어를 동원하는 게요?"

그럴지도 모른다. 과민한 반응일지 모른다.
그러나 이 작은 책 한 권 훑어보시는 데 두세 시간이면 족할 것이다.
그런 다음에도 같은 질문을 하신다면 나 또한 마음의 평화를 얻기 위해 노력하겠다.

말이 없다면 인간은 무엇인가?
우리말이 없다면 우리는 무엇인가?

2018년 한글날 앞에
지은이

1 말의 참모습

말은 무엇인가?
말은 사람이 하는 행위다.
반면에 의사소통은 모든 생명체가 하는 행위다.
나는 생물학자가 아니기 때문에 모든 생명체가 혼잣말을 하는지 잘 모른다. 그러나 사람은 분명히 혼잣말을 한다.
오늘도 나는 홀로 이런저런 말을 한다.
"위험해!", "배고파!", "사랑해!"라는 의사소통 행위는 사람뿐 아니라 뭇 생명이 다 한다.
반면에 "죽음이란 것은 정말 무엇일까? 죽음이란 산다는 것과 어떻게 다를까? 아니 다르기는 한 걸까?" 하는 질문은 홀로 던질 수 있다. 그러하기에 말과 의사소통은 다르다.
이에 대해 국립국어원에서 펴낸 《표준국어대사전》에서는 이렇게 정의한다.

말: 사람의 생각이나 느낌 따위를 표현하고 전달하는 데 쓰는 음성 기호. 곧 사람의 생각이나 느낌 따위를 목구멍을 통하여 조직적으로 나타내는 소리를 가리킨다.

의사소통(意思疏通): 가지고 있는 생각이나 뜻이 서로 통함.[1]

1 《표준국어대사전》, 국립국어원.

위 정의에서 핵심은 '서로'라는 표현에 있다. 의사소통은 '서로' 통하는 행위다. 반면에 말은 '사람의 생각이나 느낌 따위를 표현하고 전달하는 데 쓰는 음성 기호'다.
말도 상대방에게 '전달'할 수 있지만 우선은 '표현'이다. 내 감정이나 뜻을 표현하는 행위라는 말이다. 누군가 듣지 않으면 어떤가. 다만 나는 표현할 뿐이다.
반면에 의사소통은 상대방이 없다면 무의미한 행위다.
'서로'가 아니면 아무 의미가 없다는 말이다.

결국 인간이 사용하는 말은 의사소통의 수단에 국한되는 것이 아니다. 의사소통이라는 기능은 말이 가진 온전한 기능의 한 부분일 뿐이다.
그러나 고독 속에서 자신을 바라보지 못하는 현대인들, 단 한순간도 홀로 존재하는 것을 견디지 못하는 사람들은 의사소통이 말의 모든 기능이라고 여긴다. 그래서 우리말, 나랏말, 즉 국어國語 또한 의사소통의 도구일 뿐이라고 여긴다. 그리고 그런 사고로 훈련된 사람들은 왜 어려운 국어를 배워야 하는지 도무지 이해하지 못한다. 그러니 어려운 국어 수업은 단지 상급학교 진학자를 선발하기 위한 쓸모없는 수단으로 치부되기에 이른다.
우리말을 못한다고 여기는 학생은 극히
소수少數(다문화가정에 속한 친구들이 대부분일 텐데)에

불과한데도 국어 수업을 제대로 따라가는 학생 또한 극히 소수인 현실은 우리 사회가 '나랏말'을 어떻게 받아들이고 있는지 보여 주는 대표적인 사례다.
우리말이 갖는 의미가 무엇인지 모르는 사람들의 비율이 커갈수록 우리말의 소멸 시기는 당겨질 것이다. 우리말이 갖는 의미를 알아야 지키건 없애건 할 것 아닌가!
그러니 우리말이 갖는 의미를 모르는 사회에서 우리말(그것이 우리말이 되었건 우리 문화가 되었건 우리 역사가 되었건 마찬가지일 텐데)이 자연스럽게 사라진다고 해도 그 누구도 문제를 제기하지 않을 것은 당연지사다.

정리하고 넘어가자.
말은 의사소통의 수단에 불과한 것이 아니다.
말은 나를 표현하는 수단이니, 인간이 인간임을 드러내는 궁극의 모습일지 모른다.
말이 없다면 인간도 없다. 그래서 우리가 가지고 있는, 말에 대한 편협한 사고思考와는 달리 말이 곧 인간이다. 그리고 우리말은 곧 우리 겨레요, 우리 자신이다.
결국 한 인간이 사용하는 말은 곧 그 인간이요, 한 겨레가 사용하는 말은 곧 그 겨레며, 한 세대가 사용하는 말은 곧 지구상에 존재하는 인류 역사의 한 세대世代인 셈이다.
그런 말을 우리는 어떻게 사용하고 있는가.

2 사전의 풍요로움

오늘날 〈어학語學 사전〉[2]을 사용하는 사람은 흔치 않다. 아니, 종이로 된 어학 사전, 아니 눈에 보이는 어학 사전을 사용하는 사람은 흔치 않다.

반면에 눈에 보이지 않는 사전은 예전보다 훨씬 많이 사용하는 듯하다. 컴퓨터를 켤 필요도 없이 손에 든 휴대전화는 거의 실시간으로 알고 싶은 단어의 뜻을 알려 줄 뿐 아니라 그 단어의 영어, 스페인어, 독일어, 나아가 체코어, 라틴어……. 형태까지 알려 준다. 그래서 이 시대를 사는 사람들은 커다란 착각을 하고 있다. 어떤 착각? 이런 착각!

"우리는 과거 어떤 시대를 사는 세대보다 훨씬 풍요롭게 용어의 뜻을 접할 수 있고 정확하게 사용한다."

과연 그럴까?

이른바 '온라인 사전'('사이버 사전' 또는 '인터넷 사전'으로 불러도 다르지 않다)과 '종이 사전'('손에 잡히는 사전'이라는 용어가 더 적절할지도 모르지만)의 결정적인 차이는 무엇인가?

2 언어 사전이라는 표현이 더 어울릴 듯한데, 모두들 그렇게 사용하니 나도 그렇게 사용한다. 아마 예전에 모든 배움을 공부로 여기던 시절에 만든 용어일 것이다.

'온라인 사전'은 그 사전의 형태가 어학 사전辭典이건 백과사전百科事典이건 분야별 사전事典이건을 막론하고 '알고 있는 항목에 대해 더 잘 알기 위한 수단'이다. 그렇지 않은가? 사람이라면 이름이라도 알아야 하고, 언어라면 철자라도 알아야 하며, 사건이라면 명칭이라도 알아야 찾아보지 않겠는가 말이다.
반면에 '보이는 사전'은 의지만 있다면 전혀 모르는 항목에 대해서도 알 수 있다.

나는 백과사전을 서너 번 통독通讀했고, 국어사전 또한 서너 번, 한자사전을 몇 번 통독했는데, 그 과정에서 당연히 듣도 보도 못한 사람, 사건, 표현에 대해 알게 되었다.
그런데 '종이 사전'이 과거의 유물遺物이 되어 버린 이 편의便宜의 시대를 사는 사람들은 과연 나처럼 비효율적인 방식으로 서른 몇 권이나 되는 사전을 한 장 한 장 넘겨 가며 읽는 대신 더 쉽고 빠르게 더 다양한 표현, 사람, 사건에 대해 알 수 있을까?
쉽지 않을 것이다.
자신이 알고자 하는 용어나 단어의 뜻을 파악하는 것은 예전에 비해 월등히 빠르고 쉬울 것이다. 그러나 사전을 들지 않는 이 시대에 우리는 풍요로운 용어를 접하고 사용하지는 못하게 되었다.

결국 하나를 얻는 대신 아홉을 잃은 것은 아닐까.
문명의 깊이와 넓이를 더해 주는 것은 '빨리'가 아니라 '많이'이기 때문이다.[3]

대표적인 사례를 전한다.

너무: (부사) 일정한 정도나 한계를 훨씬 넘어선 상태로.
너무하다: (동사) 비위에 거슬리는 말이나 행동을 도에 지나치게 하다.
(형용사) 일정한 정도나 한계를 넘어 지나치다.

'너무'는 뒤에서 살펴보겠지만 우리말이 소멸의 길을 갈 것이라는 예감을 안겨 준 표현이다.[4] 그러나 지금은 그보다는 '일정한 정도나 한계를 훨씬 넘어선 상태로'라는 뜻의 부사를 모두 물리치고 홀로 살아남아 우뚝 선 '너무'에 대해 말하고자 한다.

'너무'라는 표현을 몰라서 사전을 찾아보는 사람은 거의 없을

3 '빨리'는 우리에게 시간을 전해 주지만 '많이'는 우리에게 '다양함'을 전해 준다. 문명의 본질이 시간인지 다양함인지는 쉽게 알 수 있지 않은가. 시간이 많아도 다양함이 없다면 문명이 어찌 앞으로 나아가겠는가.
4 왜 그런가에 대해서는 뒤에 살펴보기로 한다.

 것이다.

그렇다면 우리말을 사용하는 모든 이들은 '일정한 정도나 한계를 훨씬 넘어선 상태로'를 표현할 때 '너무'만 있으면 충분할까?

무척: (부사) 다른 것과 견줄 수 없이.
매우: (부사) 보통 정도보다 훨씬 더.
대단히: (부사) 1.매우 심한 정도로.
2. 몹시 크거나 많은 정도로.
3. 출중하게 뛰어나게.
4. 아주 중요하게.
참: (부사) 주로 뒤에 오는 형용사를 꾸며, 그 정도가 크거나 사실성이 짙다는 뜻으로 쓰이는 말.
훨씬: (부사) 1. 정도 이상으로 차이가 나게.
2. 정도 이상으로 넓게 벌어지거나 열린 모양.
굉장히(宏壯-): (부사) 1. 아주 크고 훌륭하게.
2. 보통 이상으로 대단하게.
되게: (부사) 아주 몹시. ≒되우·된통.
몹시: (부사) 더할 수 없이 심하게.[5]

5 위 단어 모두 《표준국어대사전》, 국립국어원.

위 표현들이 모두 같은 뜻을 갖지는 않을 것이다. 그렇다고 전혀 다른 뜻을 갖고 있는 것도 아니니 인간의 느낌이라는 것이 단 한 단어로 표현될 만큼 단순하지 않기 때문에 이처럼 다양한 단어가 탄생한 것이리라.
그러나 '보이는 사전'이 사라진 시대는 필연적으로 대표적인 표현만이 살아남아 사용되는 중심편향성을 보일 것이다. 당연하다. "눈에서 멀어지면 마음마저 멀어진다."라는 속담이나 "Out of sight, out of mind."라는 영어 속담이 아니더라도 지속적으로 자극을 전하지 못하는 대상은 자연스럽게 멀어지기 마련이니, 곁에 보이는 사전이 사라진 시대의 언어생활은 대표적인 단어 하나로 귀결되는 운명을 맞을 수밖에 없다.
물론 본래 부정적인 뜻이었던 '너무'가 긍정의 의미로까지 확장되고, 다른 모든 긍정적 단어를 물리친 데에는 '손에 잡히는 사전'의 상실 외에 여러 까닭이 작동했을 것이다. 그러나 결과적으로 '너무'의 무차별적 공략 아래 너무 많은 표현을 상실할 위기에 놓여 있다.

사전은 풍요로운 언어생활을 우리에게 전해 주었다. '손에 잡히는 사전'들은 그래서 자신이 품고 있는 표제어標題語의 개수個數가 얼마나 되는지를 사전 평가 척도의 하나로 사용하는 것을 주저하지 않았다. 그러나 이러한 이야기는 이제

한낱 과거의 물량주의物量主義로 치부될 위기에 처했다.
사실 필수적인 단어만을 사용한다면 그건 다시 의사소통 수단으로서의 말로 환원還元될 위험성을 내포한다. 인간의 모습은 단선적單線的이 아니라 무수한 실핏줄로도 다 표현될 수 없을 만큼 복잡 미묘한데도 말이다.
그러니 말이 곧 인간이라면 어찌 필수 단어만으로 우리 언어생활이 가능하겠는가.
반대로 필수 단어만으로 우리 언어생활이 가능하다면 그만큼 우리 삶이 인간적 미묘함보다는 기계적 단순함으로 치환置換된다는 말 아닐까.

사회 곳곳에서, 특히 교육 현장에서 사전을 읽을 일이다.
사전을 사용하는 것으로는 부족하다. 사전이 사용의 대상이 되는 순간 '손에 잡히는 사전'보다는 '검색하는 사전'이 훨씬 유용有用하다.
반면 사전이 읽는 것이라면 '검색하는 사전'은 그 역할을 할 수 없다.

우리말을 가졌다고 자랑스러워해야 한다면, 아니 자랑스럽다면, 아니 우리말이 우리 정체성을 드러내는 일이라면 우리 언어생활의 중심은 구어口語, 즉 늘 사용하는 말이 아니라 우리의 삶과 느낌을 전달하는 무수히 많은

실핏줄에 붉은 피가 흐르는 바로 그 순간을 그리는, 세상에 단
하나의 표현에 놓여야 한다.
그러기 위해서는 '손에 잡히는 사전'이 필수다.
우리말의 소멸을 막기 위해서라면, 아니 막는 것은
언감생심焉敢生心 꿈꾸기 어렵다면 조금 늦추기 위해서라도
우리말 사전을 책상마다, 교육 현장마다 놓을 일이다.

3 주어 찾기

이제 본격적으로 우리말의 소멸이 이루어지는 현장을 탐사하기로 한다.
그 첫 번째는 주어 찾기부터 시작한다.
주어 찾기란 무엇인가?
말 그대로 문장을 이루고 있는 가장 중요한 요소로 주어를 찾고, 주어를 중심으로 문장을 읽는다는 것이다. 그런데 이 주어主語란 것을 문장의 기본 요소로 여기는 분이 있다면 다소 과격할지 모르지만 우리말이 소멸되어 가는 현장에 참여하고 있는 것과 진배없다고 나는 주장한다.
언제부터인가 우리는 '문장의 형식' 하면 '문장의 5형식'을 떠올린다.

1형식: 주어 + 동사.
2형식: 주어 + 동사 + 보어.
3형식: 주어 + 동사 + 목적어.
4형식: 주어 + 동사 + 간접목적어 + 직접목적어.
5형식: 주어 + 동사 + 목적어 + 목적보어.

맞다. 우리말의 문장 형식이 아니라 영어의 문장 형식이다. 그런데 많은 사람들이 알고 있다시피 영국인, 미국인들은 이런 것 안 배운다. 우리가 우리말의 문장 형식을 배우지 않는 것과 마찬가지일 것이다.

사실 모국어母國語를 사용하는 사람들은 모국어의 문장 구조나 형식에 대해 배우지 않는다. 그러나 외국인들은 다르다.
외국인이 다른 나라의 말을 배우는 이치에 대해 알아야 할 까닭도 없고 모른다. 그래서 그런 건 넘어가자.
문제는 우리가 어린 시절부터 배우는 영어의 5형식이다.
이 문장 구조를 배우면서부터 우리에게는 문장의 형식! 하면 영어의 5형식이 귀에 딱지가 붙도록 외운다는 것이다. 배우고 외우고 분해한다. 그러다 보니 우리 언어생활에도 이런 본능이 생긴다.

"문장에는 주어와 동사가 반드시 있어야 해.
만일 없다면 그건 특별한 경우일 뿐이야."

그렇다면 주어와 동사가 없는 문장은 틀린 것일까?
사실 영어 문장에서 주어와 동사가 없는 문장은 틀린 것이다.
만일 주어나 동사가 없다면 그건 없는 것이 아니라 생략된 것이다. 모든 영어 문장에는 주어와 동사가 있어야 하니까.
그러나 우리말은 다르다.
우리말 문장에서는 주어가 없는 경우, 동사가 없는 경우가 허다하다. 수천 년 동안 한반도와 그 주변 동아시아의 문화적 영향력 아래에서 살아온 우리는 그런 문장을 사용하여 왔다.
그런데 갑자기 100여 년 전부터 문장을 보면 주어와 동사부터

찾게 되었다.

> "우리말 문장도 주어가 없는 게 아니라 생략된 거요. 동사도 마찬가지요. 세상 모든 문장은 말하는 주체를 표현하지 않아서는 뜻이 제대로 전달되지 않아요. 무식하긴."

이렇게 말씀하신다면 그게 맞을 것이다. 그러나 중요한 것은 우리는 없다고 여겼고, 영어에서는 생략되었다고 여긴다는 점이다.

없어도 된다고 여기는 사람과 생략된 거라고 여기는 사람의 인식이 같을 리 없다.

더욱 중요한 사실은 문장에 주어가 있어야 한다는 믿음은 훨씬 큰 결과를 낳는다는 것이다.

우리말에서는 극히 드문 대명사代名詞의 사용이 영어에 자주 나타나는 것은 반드시 주어가 있어야 하기 때문일 것이다.

가주어假主語라는 신기한 용어도 당연히 주어가 있어야 하는 형식 때문에 생긴 것이리라. 반면에 우리 문장에서는 주어가 없는 경우가 더 많을지도 모른다. 물론 모든 문장을 확인해 보지 않았지만.

"넌 네 처지를 까맣게 잊고 있구나, 키티."

노 공작부인이 문에서 황급히 나오며 말했다. "넌 그렇게 소리를 지르면 안 돼."

바렌카는 키티의 외침과 그녀의 어머니가 꾸중하는 소리를 듣고 재빨리 키티에게 사뿐사뿐 다가왔다.

…….

"바렌카, 난 정말 행복해요. 하지만 한 가지 일이 일어난다면 그보다 더 기쁠 수는 없을 거예요." 그녀는 이렇게 속삭이며 그녀에게 입을 맞추었다.

"당신도 우리와 함께 가시나요?" 당황한 바렌카는 그녀의 말을 못 들은 척하며 레빈에게 말했다.[6/7]

나는 이 책을 읽다가 속되게 말한다면 '돌아버리는' 줄 알았다.

6 《안나 카레니나 3》, 레프 톨스토이, 연진희 옮김, 민음사, 14-15쪽에서 발췌, 전재.

7 나 같으면 이렇게 번역한다. 원문과 다르다고? 원문과 문장 구조가 같은 게 중요한가, 뜻이 같은 게 중요한가?

"키티, 네 처지를 까맣게 잊고 있구나."

늙은 공작부인이 황급히 문에서 나오며 말했다. "왜 그렇게 소리를 질러?"

키티의 외침과 공작부인의 꾸중하는 소리를 연이어 들은 바렌카는 키티에게 빠르지만 조용하게 다가왔다.

…….

"바렌카, 나 진짜 행복해요. 게다가 어떤 일까지 일어난다면 기쁨이 한량없겠지만." 키티는 속삭이며 바렌카에게 입을 맞추었다.

당황한 바렌카는 못 들은 척하며 레빈에게 물었다. "우리와 함께 가시나요?"

그 많은 부분은 번역의 부자연스러움 때문일 것이다. 그러나 문장의 구조 차이가 이런 번역을 낳은 원인이기도 할 것이다. 우리말 문장이라면 이렇게 많은 대명사를 사용하지도 않을 것이고, 쓸데없는 주어를 이토록 꼼꼼히 넣지도 않을 테니까. 결국 우리 문장과는 본질(우리가 문장을 바라보는 시선이나 접하는 본능이라고 하는 편이 나을까?)부터 다른 것이 영어(위 문장은 러시아어이겠지만 내 협소한 지식으로는 그게 그거라고 생각한다. 아니더라도 괜찮다. 우리말 문장과는 다른 게 분명하고 이렇게 번역했다면 분명 원래 문장도 그렇게 되어 있을 테니까.) 문장이다. 그리고 그런 문장을 끝없이 접하면서부터 우리 언어생활은 상처를 받기 시작한다.

위 문장에서도 '주어+동사'라고 하는 영어식 문장구조가 수시로 등장하는데, 우리에게는 무척 낯선 것들이다.

1) "넌 네 처지를 까맣게 잊고 있구나, 키티."
2) "넌 그렇게 소리를 지르면 안 돼."
3) "바렌카, 난 정말 행복해요. 하지만 한 가지 일이 일어난다면 그보다 더 기쁠 수는 없을 거예요."
4) "당신도 우리와 함께 가시나요?"

위 네 개 문장 가운데 주어가 빠진 것은 하나도 없다.

그렇다면 우리 언어생활에서는 어떨까?
아무리 양보해도 네 개 문장 가운데 우리 언어생활에서도 사라지지 않을 주어는 1)번 외에는 없는 듯하다.

"소리 좀 지르지 마!"
"아, 행복해."
"우리와 함께 가세요?"

이게 당연하지, 어찌 "넌 소리 지르지 마.", "난 정말 행복해.", "당신도 우리와 함께 가시나요?"가 일반적인가.
지금 이 순간부터 눈여겨보시고 귀를 열고 들어보시라.
얼마나 쓸데없는 주어가 우리 언어생활을 오염시키고 있는지.
과거에는 없던 주어들 때문에 글은 길어지고 뜻의 전달 또한 혼란을 겪고 있는지.
주어 없는 세상인 우리말에서는 당연히 사람이 주인이다.
반면에 주어가 반드시 등장해야 하는 (또는 존재하지만 잠시 생략된) 영어 문장에서는 세상 만물이 다 주인이 될 수 있다.
그래서 주어의 등장은 훨씬 심각한 우리말 소멸을 가져온다.
다음에는 주어의 등장 이후 전개되고 있는 우리말 소멸의 현장으로 가 보자. 바로 수동태라는 괴물이 노니는 곳이다.

4 수동태라는 괴물

수동태受動態라는 용어는 엄밀히 말하면 우리말에는 없는 문법으로 알고 있다. '없다'고 단정적으로 말하지 못하는 까닭은 내가 국어학자가 아니기 때문이다. 그러나 우리말을 사랑하고 평생 사용해 왔으며, 우리말이 품고 있는 언어로서의 기능 외에 삶의 본질을 드러내는 상징으로서 우리말을 들여다보면 아무리 생각해도 수동태는 우리말이 아니다.

이러한 믿음은 《표준국어대사전》을 찾아보면서 더욱 확고해졌다.

수동태受動態
=피동태.

피동태被動態
주어가 어떤 동작의 대상이 되어 그 작용을 받을 때에, 서술어가 취하는 형식. ≒ 수동태.

피동사被動詞
남의 행동을 입어서 행하여지는 동작을 나타내는 동사. '보이다', '물리다', '잡히다', '안기다', '업히다' 따위가 있다. ≒ 수동사·입음움직씨.[8]

8 《표준국어대사전》, 국립국어원.

수동태, 즉 '행동을 받는 모양'이라는 정체불명의 문법적 요소는 우리말에는 없다. 우리말에서는 피동태, 즉 '행동을 당하는 모양'이라고 부른다. 게다가 더욱 중요한 문법 요소가 있으니 피동사被動詞다. '남의 행동을 입어서 행하여지는 동작을 나타내는 동사.'
영어에는 수동사受動詞가 없다. 수동태가 영어 문법 요소로 등장하는 것은 수동사가 없기 때문이다.
반면에 우리말에는 피동사被動詞가 있다. 그러니 우리는 엄밀히 말하면 수동태가 필요 없다. 물론 상황에 따라서 피치 못하게 수동태를 써야 할 때도 있겠지만 본질적으로는 그렇다는 말이다. 그래서 과거, 즉 영어를 비롯한 서양어西洋語의 영향력이 없던 시절에는 수동태를 거의 사용하지 않았다. 그러던 것이 서양어의 도래渡來와 더불어 하나둘 등장하더니 이제는 우리말의 소멸을 앞장서 부추기는 존재가 되었다.

"그렇다고 수동태 사용에 그렇게까지 과잉반응을 보일 필요가 있겠소?"

그런 말을 자주 듣는다. 그러나 나는 그렇게 생각하지 않는다. 수동태에 대해 꽤 오랫동안 고민한 끝에 내린 결론은 수동태는 우리가 생각하는 것 이상으로 훨씬 많은 언어적·사회적·문화적 문제를 품고 있다는 것이다.
이제부터 수동태가 왜 우리말의 소멸을 부추기는 존재인지 살펴보기로 하자.

사람이 주인인가?

앞서 우리말에서는 주어의 사용 빈도가 영어보다 훨씬 낮다는 사실을 살펴본 바 있다.

"어디 가?" "너 어디 가니?"
"밥 먹었어?" "탐, 밥 먹었니?"

위에서 우리가 사용하는 문장이 어떤 것인지 살펴보면 우리말에서 주어의 지위가 어떤 것인지 쉽게 알 수 있을 것이다.
그런데 주어의 존재는 우리가 상상하는 것 이상의 큰 결과를 가져온다. 단순히 주어가 있고 없고의 문제가 아니라는 말이다.
주어가 있어야 한다는 것은 언어를 사용하는 이들 사이에 주어가 있어야 한다는 뜻과 같다. 만일 언어를 홀로 사용한다면 당연히 주어가 필요 없다. 그러나 언어를 공동으로

 사용하기 때문에 주어를 표기하지 않을 때 혼란이 일어나는 것이다.

다음 짧은 문장을 보자.
이 거지다운 문장에 여러 내용이 다 들어 있다고 할 수 있으니 말이다.

"한푼 줍쇼."

위 문장의 본래 구조는 도대체 무엇일까?

1) "당신이 내게 한푼을 주십시오."
2) "한푼이 내게 주어지도록 해 주십시오."

이렇게 적어 놓고 보니 분명 1)번은 아닌 듯하다. 내용은 명령문인데 형식은 평서문이 되니 어색할 수밖에. 그러나 영어 문장에 익숙한 사람들은 당연히 1)번이라고 생각한다. 왜? "한푼 줍쇼."를 영어로는 "Give me a dollar."라고 하니 말이다.
그러나 우리에게는 주어 You가 생략된 Give me a dollar.를 해석한 1)번 문장이 무척 낯설다. 이 시점에 나는 상상한다. 만일 거지가 현대에, 그러니까 영어 문장이 오늘날처럼 일상화된 다음에 동냥을 한다면 이렇게 말했을 거라고.

"한푼 주어지도록 해 주십쇼."

결론적으로 말하자면 주어를 중시重視하지 않는 우리말은 영어와 근본적으로 다르다. 어떻게?
너와 나, 우리와 너희를 구분하는 게 부자연스럽다는 말이다.
"한푼 줍쇼."라는 말에는 누가 주는지 주체가 담겨 있지 않다.
분명 '당신'이 내게 주는 것인데도 문장의 구조를 보면 그렇지 않다.
또 하나, 우리말에서는 정말 특이한 경우를 제외하고는 늘 사람이 주인, 즉 주어主語다. 세상의 주인은 사람이기 때문에.
사람이 주인이 아닌 세상은 사람이 사는 세상이 아니다.
그래서 특별히 주어를 표기할 필요가 없다.
그런데 영어에서는 그렇지 않다. 사람이 주어가 된다면 반드시 사물도 주어가 될 수 있다. 세상의 절반은 사람이요, 절반은 사물이니까. 사람 대신 사물이 앞설 때도 있어야 한다는 사고思考가 영어식 사고다.

다음 문장들을 보자.

1) 먹는 음식에 손대지 마라.

2) 구입한 책들이 볼 만하니?
3) 보는 모습이 전부가 아냐.
4) 만지는 물건을 상하지 않게 조심해.

위 문장의 주어는 과연 무엇일까?
1)은 막연한 사람, 즉 영어로 보면 People이다. 2)는 '내'가 될 수도 있고, '네'가 될 수도 있다. 3)은 '우리' 또는 더 확장해서 '사람들'이 될 수도 있다. 당연히 '네'가 될 수도 있고, '내'가 될 수도 있다. 4)는 '네'가 주어다.
이 사례를 통해 우리말은 주어가 없는 문장이 일반적임을 확인할 수 있다. 그리고 그런 문장의 대부분은 이런저런 '사람'이 주어다.
그런데 왜 오늘날 우리는 수동태 문장을 이토록 많이 사용하는 걸까.

수동태의 삶이 편하다

영어식 수동태가 우리 언어생활에 얼마나 침투했는지 아는 사람은 안다. 물론 대부분 사람들은 모른다. 그러나 나는 이제 방송 듣고 신문 보는 게 고통스러울 지경에 이르렀다. 도대체 이런 말을 쓰려고 우리가 우리말을 그토록 힘겹게 지켜 왔는가?

1) 남다른 여유 **느껴지는**(느끼는) 출근길
2) '리치맨' 종영 "공감하며 **느껴 주신(느끼신)** 분들 감사"
3) 선수들에게 **던져지는(던지는/가하는)** 야유와 조롱의 탓도 무시할 수 없습니다.
4) "메시에게 **가해지는(가하는)** 압력 불공평해."
5) 다른 장르의 음악도 **보여줄(보일)** 수 있다는 걸 보여드리고 싶었어요.
6) 선수의 멘탈이 얼마나 강한지 **보여지는데요(보이는데요)**.
7) 오늘날 **먹어지는(먹는)** 음식의 대부분은
8) "무엇보다 기존보다 강화된 금융정책에 대한 세부적인 질의가 **많아졌다(늘었다/증가했다)**."
9) 금전 지출이 **많아지니(느니)** 가능한 한 지갑 단속해야 한다.
10) 궁금증이 **커져 가는(커 가는)** 한편,
11) 상대방이 내 뜻대로 **되어지길(되길)** 바라는 마음을 그만둘 때이며.
12) 금지법이 아직 **만들어지지(금지법을 만들지/제정하지)** 않은 상태이지 않습니까?
13) 부모님이 별로 신경 안 쓰는 아이라고 **생각돼 버리면(생각하면)** 선생님 관심에서도 멀어질 수 있습니다.

14) **휘어진**(휜) 카드, **휘어지는**(휘는) 배터리
15) 유로파리그 우승팀에게 **주어지는**(**주는**/**부여하는**) 챔스 진출권은 어디로?
16) 박선수에게 **남겨진**(남은) 과제.
17) 중학교 때 골반뼈에 **끼워져**(끼어) 있는 허벅지뼈가 빠지는 '대퇴골두 골단 분리증'이라는 희귀한 질병을 앓았다.
18) 그 마을에는 은행나무와 관련된 전설이 **전해진다**(전해온다/전한다).

위 표현은 오늘날 특별한 것이 아니다. 신문기자, 방송기자, 아나운서, 사회자, 해설자, 작가, 독자를 비롯해 모두가 쓴다. 그런 까닭에 이렇게 모아 놓은 글을 낯설게 느끼는 독자 여러분도 많지 않을지 모른다.
그러나 이런 표현보다는 괄호 안 표현이 자연스럽거나 옳다. 반면에 괄호 밖 표현은 틀린 것이거나 부자연스럽다.
우리말은 앞서 살펴본 것처럼 피동태가 필요한 경우에는 피동사가 존재한다. 그래서 모든 타동사를 수동태로 만드는 기계적 규칙이 필요 없다. 반면에 피동사가 없는 영어의 경우에는 모든 타동사를 수동태로 만드는 규칙이 필요하다. 그래서 보여지다 = 보+이(피동형)+어지다(피동형)의 형태로 피동 표현이 중복된 것이므로 틀렸다고 분해해서 설명할 필요조차 없다.

그런데도 수동태는 우리말을 잠식하기 시작했고 이는 결국 우리말의 기본 구조를 파괴할 거라는 게 내 걱정의 본질이다. 다음 사례를 보라.

	가.	나.	다.	라.
1)	먹다	먹히다	먹혀지다	먹여지다
2)	잊다	잊히다	잊혀지다	잊여지다
3)	굽다	굽히다	굽혀지다	굽여지다
4)	보다	보이다	보여지다	보여지다

위 1), 2), 3)의 사례에서 '가'는 동사 원형이요 '나'는 피동형이다. 따라서 피동의 뜻으로는 '나'를 쓰는 게 맞다. 그러나 최근 수동형인 '다'가 자주 사용 되고 있다. 물론 이는 틀린 것이다. 그러나 이 형태를 사용하면서 틀렸다고 의식하는 사용자는 썩 많지 않을 듯하다. 당연하다. 틀렸다고 의식한다면 그렇게 사용하지 않을 테니까. 그런데 '라'의 형태는 사용하는 사람도 없을 뿐 아니라 대부분이 틀렸다는 것을 즉시 안다. 그러나 미래에도 과연 그럴까?
4)의 사례에서 보듯 우리말에서 피동형을 만들 때는 '이'나 '히'를 붙인다. 그리고 1), 2), 3)은 '히'를 붙이는 경우다. 반면에 4)는 '이'를 붙이는 경우다. 그런데 미래에도 계속 그럴 것인가에 대해 무척 회의적이다. 일반적으로 '히'는 '이'로

편의에 의해 'ㅎ' 탈락이 이루어지는 경우가 많을 뿐 아니라 '—여지다'라는 형태가 일반화되면 1), 2), 3)의 경우에도 그렇게 사용하는 것이 점차 익숙해질 것이기 때문이다.
그렇다면 자연스러운 문장, 쉬운 문장, 간결한 문장을 두고 우리는 왜 이리 어려운 표현들을 쓰는 걸까?
분명 수동태를 많이 사용하는 데는 그만한 까닭이 있을 것이다.
출발은 바로 이 표현이라고 생각한다.

1) "자연 속에 나오니 정말 좋은 것 같아요."

써 놓고 보니 말이 안 된다는 사실을 금세 알 수 있지만 생활 속 구어체口語體에서는 이 표현을 쓰는 사람이 올바른 표현인 "자연 속에 나오니 정말 좋아요."를 쓰는 사람의 99배쯤 된다. 그러니까 100명 가운데 한 명만이 옳은 표현을 쓰는 셈이다. 그렇다면 왜 이 표현이 수동태 과다 사용의 출발이라고 여기는 걸까? 당연히 이건 나의 추론推論에 불과하다. 따라서 옳다고 주장할 마음은 없다. 다만 두 가지 현상이 내게는 동일하게 보이기 때문이다.

위 문장의 출발점은 자신의 의사를 자신이 책임지고 드러내며, 자신의 분명한 의견임을 증명하는 데 부담을 느끼는 심리라고 본다. 그리고 이러한 심리는 우리 사회에서 자주 등장하는 "쟤는 자기주장이 너무 강해."와 밀접한 연관이 있다. 자기주장을 분명하게 하는 사람이 우리 사회에서는 모든 분쟁의 근원이 된다. 그래서 가능하면 "좀 부드럽게 해. 꼭 그렇게 단도직입單刀直入적으로 말해야 해?" 하는 말을 듣기 마련이다. '혼자서 칼 한 자루를 들고 적진으로 곧장 쳐들어간다는 뜻으로, 여러 말을 늘어놓지 아니하고 바로 요점이나 본문제를 중심적으로 말함을 이르는 말'[9]을 쓰면 안 되는 까닭은 또 무언가.
바로 이런 사회 심리가 위와 같은 표현을 조장하는 것이다.

그렇다면 영어식 수동태 문장은 또 어떤가?
1) 나는 저 친구의 행동이 부적절하다고 보여.
2) 나는 저 친구의 행동이 부적절한 것처럼 보여져.

두 문장을 보면 그 차이가 분명하다(분명한 것처럼 보여진다).
1)번 문장처럼 보는 것은 나다! 그래서 내 행동이고 내 느낌이고 내 주장이다.
반면에 2)번 문장은 내가 보는 게 아니다. '보여지는' 것은 저 친구의 행동이다. 따라서 모든 행동의 책임은 저 친구에게

9 《표준국어대사전》, 국립국어원.

 있다(고 보여진다).
그렇다. 수동태 문장의 주인공은 내가 아니라 상대방이다. 사람이 아니라 물건이다. 주체主體가 아니라 객체客體다. 내가 주체가 아니고 다른 무언가가 주체이고 나는 객체에 불과하다. 그래서 나는 책임을 질 필요도 없다. 당연히 내 의견을 내세우는 주관적이고 단도직입적인 사람도 아니다. 나는 부드러운 사람이다.
물론 이러한 사고의 확장이 무리일지 모른다. 그러나 분명한 것은 사람 대신 사물, 나 대신 상대방(그게 사람이건 물건이건)을 주인공으로 삼고자 하는 사회 분위기를 과소평가할 수 없다.
내가 주인공이면 '느끼면' 된다. 그러나 내가 주인공이 되는 게 부담스럽거나 참으로 내가 주인공이 아닌 경우에는 '느껴진다.'

길게 말하라, 당신은 똑똑해질 것이다

사실은 제목부터 틀렸다. '똑똑하다'는 형용사다. 그래서 '똑똑해질' 수는 없다. '똑똑해지고 있을' 수도 없다.
물론 같은 형용사인 '예쁘다'가 '예뻐지다'라는 자동사로 확장되는 게 우리 언어생활의 현실이기 때문에 '똑똑하다'도

곧 '똑똑해지다'라는 자동사로 변모할지 모른다. 그러나 지금 당장은 아니다.[10]

그런데 이러한 변화가 어디서 유래하는 것일까?
'예뻐지다'라는 자동사는 아마 성형외과成形外科의 난립에서 비롯되었을 것이다. 게다가 우리나라는 세계에서도 유래가 없는 성형공화국이라는 말을 들은 적이 있으니 더욱 그렇다. 그러나 그 외의 수많은 표현을 보면 그 외에 다른 까닭도 있는 듯하다. 그리고 그건 갈수록 늘어나는 '길게 말하기'다.
사실 오늘날 방송을 보면 아나운서[11]를 비롯해 수많은 출연자들이 중언부언重言復言하며 말을 길게 늘여서 하는 현상을 쉽게 확인할 수 있다.
그러한 현상에는 앞서 살펴본 '내 의견을 분명하게 드러내지 않고 빙빙 돌려서 이야기하는' 행위와 더불어 수동태[12]를 과도하게 사용하는 행위가 두루 포함된다. 물론 같은 이야기를

10 《표준국어대사전》에 '예뻐지다'는 자동사로 올라 있지만 '똑똑해지다'는 올라 있지 않다.

11 아나운서는 한 나라의 표준말을 책임지고 시민들에게 전하는 존재이니 우리말을 제대로 구사해야 할 텐데 우리나라 아나운서들은 전혀 그렇지 않다. 이들의 말을 조금만 유심히 들어 보라. 되지도 않는 말을 아무렇지도 않게 사용하는 아나운서가 부지기수다.

12 영어의 수동태 문장은 능동태 문장에 비해 훨씬 길다. 이는 우리 문장에서도 마찬가지다.

하고 또 하는 비문非文이야 말할 필요도 없다.

1) 심지어는 맨손으로 막 잡아서 사실 고통이 아주 크게 가해가 되는 행위들이 많이 이루어지고 그렇게 됨으로써 사실은 거기서 주인공처럼 사실은 우리가 생각해 볼 수 있는데 전혀 주인공 대우를 못 받는다고 할 수 있어요.[13]

2) 가. 그사이에 도착을 할 것으로 보입니다.
나. 미리 휴대폰 2대를 임의적으로 제출을 했습니다.
다. 실체적 사실에 관계해서 수사가 이뤄져야지 정치특검이 되면 안 되지 않느냐, 이와 같이 본인의 이슈에 있어서는 명명백백하게 밝힐 자신이 있다 이렇게 얘기를 하고 있는 이런 상황으로 알려져 있죠.

평소에 우리가 아무렇지도 않게 듣는 말들이 막상 글로 표현해서 읽어 보면 얼마나 문제가 많은지 쉽게 알 수 있다. 위 문장들도 그렇다.
이런 문장, 아니 이런 비문非文을 읽는 일은 괴롭다. 괴로움을 넘어 읽는 사람에게 뜻이 제대로 전달될 수 있을까 의심이 간다.

13 2018.6.18.자 노컷뉴스 〈김현정의 뉴스쇼〉에서 인용.

1-1). 심지어는 맨손으로 잡아서 고통이 큰 행위들이 자주 일어나고, 그럼으로써 주인공이 주인공 대우를 못 받는 거죠.

2) 가-1. 그사이에 도착할 것입니다.
나-1. 미리 휴대폰 2대를 임의로 제출했습니다.
다-1. 실체적 사실에 관해서 수사를 해야지 정치특검이 되면 안 되지 않느냐, 이와 같이 본인의 이슈에 있어서는 명명백백하게 밝힐 자신이 있다, 이렇게 애기를 하고 있는 상황이죠.

1)의 문장은 거의 절반으로 줄였는데 뜻이 반감半減되거나 왜곡歪曲되었나?
2)의 문장들 역시 쓸모없거나 문법적으로 잘못된 부분을 고치고 나면 듣기에도 읽기에도 자연스럽다.
사실 위 문장들이 특별한 경우가 아니다. 우리의 언어생활 대부분이 이렇다. 그만큼 우리 자신을 간결하고 분명히 표현하는 데 익숙지 않다. 아니, 그러기를 꺼린다. 게다가 길게 말하면 말할수록 더 많이 알고 더 똑똑한 것처럼 여긴다. 이건 상대방이 아니라 스스로 그러는 것 같기는 하지만.
그래서 만연체로 말하면 상대방은 나를 단언斷言하지 않는 신중한 사람이자 부드러운 사람으로 여기고, 나는 스스로 길게 이야기할 줄 아는 지적知的인 사람으로 여긴다. 이야말로 '누이

 좋고 매부 좋은' 현상 아닌가?
그래서 우리말은 점차 길어진다. 그만큼 내용도 충실하다면 금상첨화겠지만 텅 빈 것을 늘인다면 그야말로 중언부언重言復言이요, 낭비다. 그리고 낭비에는 반드시 불합리가 뒤따른다.

1) 그러하기에 우리는 높은 곳으로 오르고 싶은지도 모르겠습니다.
2) 그러하기에 우리는 높은 곳으로 오르고 싶어 하는지도 모르겠습니다.
3) 그러하기에 우리는 높은 곳으로 오르고 싶다는 생각을 하는지도 모르겠습니다.

위 세 문장 가운데 1)이 우리말 표현이다. 2)는 1)에 부연된 것이다. 그러나 2)는 그럴 수도 있다고 이해할 수도 있다. 그렇지만 다음 문장을 보면 그런 생각조차 힘들다.

가. 그 약을 먹는다면 몸 상태가 분명 개선될 것입니다.
나. 그 약을 먹는다고 한다면 몸 상태가 분명 개선될 것입니다.

오늘날 언어생활을 조금만 살펴보면 '~한다면', '~하는지' 같은 사족이 얼마나 붙는지 금세 확인할 수 있다. 그러니 2)의 '싶어 하는지'라는 표현도 가능하면 쓰지 말아야 한다. 하물며 3)은 쓸데없는 표현이 덕지덕지 붙어 있는 것이다. 그러나 현실을 바라보라. 1), 2), 3) 가운데 어떤 표현이 일반적인지.

무엇보다 사람보다 사물을 중시하기 때문이다

수동태의 가장 큰 특징은 앞서 살펴본 것처럼 사람과 사물을 동등하게 평가하는 것이다. 세상의 반이 사람인 반면 또 다른 반은 사물이기 때문에 사람과 사물은 그 수나 가치 면에서 동등하다.

이것이 수동태를 그토록 일상적으로 사용하는 서양의 사고다. 그리고 영어 또는 영어식 표현을 쓰는 사람은 우리말 사용자보다 유식한 것으로 여기는 사회 풍토 또한 무시할 수 없다.

반면에 우리는 사람이 곧 세상이다.[14] 그래서 모든 문장의 주어는 말을 하지 않아도 사람이다.

그런데 여기서 끝나지 않는다.

14 특별히 동학의 '인내천(人乃天)' 사상을 들먹이지 않더라도 동양이 사람을 사물보다 더 위에 놓았다는 사실은 널리 알려져 있다.

 다음 문장을 보자.

1) 드디어 무대가 다 채워졌다.
2) 드디어 무대가 다 찼다.
3) 또 물을 쏟았어?
4) 또 물을 쏟아지게 했어?

수동태와 능동태의 차이가 가장 크게 드러나는 두 문장이다. 1)과 2)는 당연히 같은 뜻으로, 인물이나 사물이 들어차 무대가 완전한 모습을 이룬 것이다. 그러나 1)번 문장의 주인공은 무대다. 무대가 사람으로 채워진 것이다. 반면에 2)번 문장의 주인공은 사람이다. 무대를 사람이 다 채운 것이다. 그렇다면 무대는 스스로 채워질 수 있는가? 절대 없다. 무대는 반드시 사람이 채워야 한다. 따라서 우리말에서는 무대가 다 차야 한다. 채워지는 일은 없는 것이다.
3)과 4)는 또 어떤가?
아이가 부주의해서 물을 쏟자 엄마가 말한다. "또 물을 쏟았어?" 이 말을 혹시라도 "너 또 물을 일부러 마루 위에 쏟았어?"라고 이해하는 분은 안 계실 것이다. 그렇다.
아이도 알고 엄마도 아는 사실인데 부주의해서 물이 쏟아진 경우에도 우리는 "물을 쏟았니?" 하고 말하지 "물이 쏟아지게 했니?"라고 절대 안 한다. 모든 행위의 주인공은 사람이기 때문이다.
더 황당한 경우도 있다.

1) 또 오줌을 쌌니?
2) 또 오줌이 싸지도록 했니?

위 보기 가운데 2)가 옳다고 여기는 분은 안 계실 것이다. 그런데 서양식 사고로 보면 1)번 문장은 틀린 것이다. 오줌을 싸는 행위는 절대 잘못이 아니기 때문이다. 그러니 "또 오줌을 쌌니?"는 부주의해서 옷에 오줌을 쌌거나 화장실에 가지 않고 오줌을 싼 경우를 가리키는 말이다. 그렇다면 그 누가 일부러 오줌을 싸겠는가? 그러니 당연히 2)처럼 말해야 한다. 그러나 우리는 결코 2)처럼 말하지 않는다.
그러나 모를 일이다. '보여지는 모습이 전부가 아닌' 세상이 도래到來하고 있으니 곧 오줌이 '싸지는' 세상이 올지도 모른다. 그리고 그러한 세상이 오면 세상 모든 행동의 의미, 즉 그 행동의 권한과 책임을 사람이 지는 대신 사물에게 전가할지도 모른다. 그것이 수동태가 의도한 바요, 서양인들이 세상과 사물을 바라보는 시각이니 말이다. 그래서 지구가 온난화되는 것도 지구 탓이요, 다리가 무너져 사람이 죽는 것도 다리 탓이다.
우리는 지금 그런 세상을 준비하고 있다.

5 우리집인가, 내 집인가

“무슨 음악 좋아하세요?”
“우리는 역시 베토벤, 바흐, 브람스였는데 요즘은 모차르트가 좋아요.”
“그런데 왜 우리예요? 저는 클래식 안 좋아하는데.”
“…… 이때 우리는 그런 뜻이 아닌데…….”

맞다. 이때 우리는 말하는 나와 듣는 당신을 포함한 뜻이 아니다.

우리
「대명사」
1. 말하는 이가 자기와 듣는 이, 또는 자기와 듣는 이를 포함한 여러 사람을 가리키는 일인칭 대명사.
우리가 나아갈 길/우리 둘이 힘을 합치면 못할 일이 뭐가 있겠니?/어머니, 우리 오늘 도봉산에 갈까요?/선생님, 우리 과 경쟁률이 제일 높대요.

2. 말하는 이가 자기보다 높지 아니한 사람을 상대하여 자기를 포함한 여러 사람을 가리키는 일인칭 대명사.
우리 먼저 나간다. 수고해라./언젠가 자네가 우리 부부를 초대한 적이 있었지./우리가 당신한테 무슨 잘못을 했다고 이러시오?

3. (일부 명사 앞에 쓰여) 말하는 이가 자기보다 높지 아니한 사람을 상대하여 어떤 대상이 자기와 친밀한 관계임을 나타낼 때 쓰는 말.
우리 엄마/우리 마누라/우리 신랑/우리 아기/우리 동네/우리 학교 교정은 넓지는 않지만 깨끗하다.[15]

위 문장에서 사용한 '우리'는 3번의 뜻이었다. '우리 신랑'이라고 해서 말하는 나와 듣는 당신이 함께 소유한 남편이 아니란 말이다.

"우리 집에 가자."
"그래, 가자."

이때 집은 말하는 나와 듣는 당신이 공동으로 소유한 집이 아니다. 이 집은 내 집이지만, 말하는 나와 듣는 당신이 함께 추상의 공동체에 속한 친밀한 관계이기 때문에 흔쾌히 내 집을 당신과 함께한다고 말하는 것이다.
음악 또한 내가 좋아하는 음악이지만 심정적으로는 당신과 함께 즐기고 싶다는 것, 당신 또한 언제든 내가 좋아하는 음악을 즐길 수 있고 나 또한 당신이 즐기는 음악을 함께할 수

15 《표준국어대사전》, 국립국어원.

있다는 감정을 담고 있는 표현이 바로 '우리'라는 말이다.
그런데 우리를 'we'라고 받아들이다니! 나는 당신이 좋아하는
음악과는 무관한데 왜 '우리'를 사용하느냐고 묻는다면
'우리'는 같은 언어를 사용한다고 할 수 있을까?

we
대명사
(『복수』 (소유격 our or ours, 목적격 us))
(인칭 대명사·1인칭·복수·주격)
1.
I의 복수형.
2.
(발언자·필자가 자기를 포함한 일정한
사람들을 가리켜서) 우리(는, 가).
If you had to stay in town we might have
dinner together.
당신이 도시에 머문다면 우리는 함께 저녁을
먹을 텐데요.
3.
(자기가 소속하는 조직·단체·국가의 구성원
전부를 가리켜서) 우리(는, 가)

We Korean
우리들 한국인.
반의어 they
4.
(격식) (일반적으로 인간을 가리켜서) 우리
인간(은, 이)
We are all brothers and sisters.
인류는 모두 형제다.
5.
(격식) (군주 또는 고관이 공식적으로)
짐(朕)(은, 이)(royal we)
참고(※"I"의 대용)
(신문·논설에서) 필자(는, 가)(editorial we)
6.
(아이·환자 등에게 애정·친밀감을 가지고)
you[16]

사실 영어 we도 캐 들어가면 우리말의 '우리'와 같은 범용汎用의 뜻으로 못 쓸 까닭도 없는 듯하다. 그런데도 영어 문법에 익숙한 사람들에게 '우리 집'은 낯선 존재일지 모른다.

16 다음《영어사전》.

아니, 우리 집은 어려서부터 워낙 자주 사용하기 때문에 익숙하게 받아들일 것이다. 그러나 앞서 살펴본 3번의 '우리' 뜻은 낯선 존재일지 모른다.
분명 이런 낯섦이 등장한 것은 영어의 침투 이후일 것이다. 그리고 이런 낯섦이 낯익음이 될 무렵 수천 년을 이어 온 우리말의 사고 체계는 무너져 내릴 것이고, 그 자리에 콘크리트로 세운 튼튼한 영어의 사고 체계가 들어서지 말라는 법 또한 없다.

'우리'와 관련해서 한 가지 더 살펴볼 문장이 있다. 이는 앞서 살펴본 수동태와도 연관이 있는데, 다시 한 번 우리말의 정체성을 떠올리게 한다.

1) 15세기에 인쇄술이 발전하기 전까지 책은 대부분 두루마리나 코덱스 형태로 만들어졌다.
2) 15세기에 인쇄술이 발전하기 전까지 책은 대부분 두루마리나 코덱스 형태로 만들었다.

두 문장의 차이는 마지막 단어뿐이다. 수십 년 전만 해도 이 문장은 당연히 2)번처럼 썼을 것이다. 그러나 오늘날 대부분의 책에서는 1)번처럼 사용한다.
위 문장의 주어는 '책'이니까. 책이 무슨 행동을 하겠는가.

 그래서 책은 '만들어질' 뿐이다. 누구에게? 이 문장에는 등장하지 않는 '인간'에게.
그러나 우리말에서는 2)번처럼 사용했다. 왜 우리 조상, 나아가 그들이 만든 우리말을 사용하는 우리는 '책은 ~ 만들었다.'라는 어법에도 맞지 않는 문장을 사용했던 것일까?
간단하다. 2)번 문장을 우리말에서는 이렇게 이해했기 때문이다.

3) 15세기에 인쇄술이 발전하기 전까지 인류는(우리는), 책을 대부분 두루마리나 코덱스 형태로 만들었다.

그렇다. 우리말에서는 대부분의 문장에 '우리(나, 인간 등)'가 당연히 포함되어 있다(영어에서는 이런 경우 생략되어 있다고 여긴다)고 본능적으로 이해했던 것이다.
그래서 '우리'라는 시각과 '수동태'의 시각은 양립兩立할 수 없었던 것이다.
'우리'가 어찌 행동을 당할 수(받을 수) 있겠는가? 우리는 모든 행위의 주체인데.

과문寡聞해서 잘 모르겠지만 영어를 사용하는 사람들이 영어를 'our language'라거나 'our word'라고 부르는 것을 들어 보지 못했다. 그러나 우리는 자연스레 '우리말'이라고 부른다. '우리 집'이 공동으로 소유한 집이 아닐지라도 사용하듯이 말이다.

우리말에서 '우리'를 하루 빨리 찾아야 한다.

6 다수는 늘 옳은가?

서양식 민주주의民主主義가 입이 아프도록 외치는 말이 있으니 '다수결多數決의 원칙'이다.

'다수결의 원칙'은 단체나 기관에서 의사 결정을 할 때 다수의 의견을 따르는 방법으로, 의사를 통일하는 민주주의의 기본 원칙 가운데 하나이다.[17]

사실을 말하자면 민주주의의 기본 원칙 가운데 하나가 아니라 유일한 원칙이라 할 만하다. 다른 모든 원칙이 다수결의 원칙에 의해 결정되니 말이다. 헌법도 다수결에 의해 바꾸고 지도자도 다수결로 선출하는데, 무엇인들 결정하지 못하겠는가.

이런 경우, "다수결의 원칙은 늘 옳은가?" 하는 질문을 던지는 것은 자칫하면 '선민選民 의식의 발로'라거나 '독재적 발상', '집단지성의 무시' 같은 반응을 불러오기 십상이다.

그렇지만 우리는 우리말의 변화와 관련해 다시 이 물음을 던질 수밖에 없다.

"다수는 늘 옳은가?"

17 다음《국어사전》.

사실 언어생활이라는 것이 누구나 알다시피 언중言衆, 즉 같은 언어를 사용하는 시민들의 실천적 사용을 전제로 하기에 언중의 결정을 무시할 수 없다는 것은 상식에 속한다. 그렇다고 해도 언어言語의 기본 틀(규칙과 형태, 용법에 이르는)을 벗어나면서까지 언중의 뜻을 따를 수는 없는 노릇이다. 그렇게 된다면 한 나라의 언어는 언제든 틀을 벗어나 전혀 다른 언어가 되거나 소멸할 수 있기 때문이다. 그런 경우는 무수히 많다. 효율성을 위해 다른 나라의 언어를 수용한 후 자국(또는 같은 겨레)의 언어를 상실한 사례는 지구상에서 오히려 흔한 일임을 역사는 증언한다. 언어를 지키고 공부하는 사람들의 고민은 이 지점에서 비롯한다.

'어디까지 언중의 뜻을 받들고 어디까지 언어 고유의 틀을 지킬 것인가?'

우리말을 예로 든다면 이렇다.

1) 이곳에서 흡연을 **삼가해** 주시기 바랍니다.
2) 가족이 **단출해서** 살기에는 부족함이 없다.
3) 난 네가 **너무** 좋아.
4) 저 선수 컨디션이 좋은 것으로 **보여지는데요.**
5) 인구가 점차 **많아지고** 있다.

1)번은 동사인 '삼가다'에 다시 '하다'를 붙인 것이기 때문에 문법적으로 틀렸다. 그런데도 무수히 많은 사람들이 '삼가하다', '삼가해'로 쓰고 있다. 실생활로 들어가 보면 '삼가 주십시오.'라고 쓰는 경우를 찾기 힘들 지경이다.
2)번의 경우는 '단출하다'가 '단촐하다'로 잘못 쓰인 경우다. 그런데 북한에서는 '단촐하다'라고 쓴다고 한다. 꼭 북한에서 쓰기 때문이 아니라 문법의 문제가 아니라 단순히 맞춤법의 문제인 경우에는 반드시 그럴 만한 까닭이 있는 듯하다.
이 경우에는 아마 '조촐하다'의 느낌이 언중의 뇌리에 남아 영향을 미친 것 아닌가 싶다.

단출하다
1. 식구나 구성원이 많지 않아서 홀가분하다.
2. 일이나 차림차림이 간편하다.

조촐하다

1. 아담하고 깨끗하다.
2. 행동, 행실 따위가 깔끔하고 얌전하다.
3. 외모나 모습 따위가 말쑥하고 맵시가 있다.
4. 호젓하고 단출하다.[18]

'조촐하다'에 '호젓하고 단출하다'라는 뜻이 포함되어 있으니 말이다.

3)번의 경우에는 '너무'라는 부사가 그 뜻과 달리 사용된 경우다. 본래 '너무'는 '정도에 지나치게'라는 부정적인 의미를 갖는다. 그러나 이제 '너무'는 '일정한 정도나 한계를 훨씬 넘어선 상태로'를 뜻하는 부사가 되었다. 긍정적인 의미도 허용이 된 것이다.

4)번은 앞서 살펴본 바 있지만 우리말 어법에 틀린 표현이다.

5)번은 '늘다'라는 표현을 써야 할 곳에 '많다'의 수동형을 쓴 경우인데, 최근 들어 많이 사용하는 표현이다.

그렇다면 위에서 살펴본 네 가지 경우 가운데 언중言衆이 지속적이고 광범위하게 오용誤用하는 경우 어디까지를 시대의 변화로 인정하고 허용해야 하는가.

18 《표준국어대사전》, 국립국어원.

국립국어원은 현재 3)번, 즉 '너무'라는 부사의 오용을 허용하였다. 그리하여 이제 '너무'는 부정적인 경우가 아니더라도 사용할 수 있게 되었다.
나머지 세 가지 경우는 아직 허용되지 않았고, 5)번은 허용 여부를 알 수 없다. 그러나 '많다'가 형용사이므로 '많아지다'는 허용 안 하는 것으로 보아야 할 것이다.
그렇다면 위의 사례처럼 지속적으로 오용되는 경우 다른 잘못된 표현도 훗날 언젠가는 '너무'처럼 허용되는 것은 아닐까 의문을 품어 보는 것은 당연하다.
내게 판단의 권한을 준다면 나는 2)번은 허용, 1)번과 3)번, 5)번은 허용하지 않겠다. 불허不許의 정도도 우리말이 존속하는 한 허용할 수 없다는 게 판단이다.
왜 그리 강경하냐고 묻는다면 "그걸 허용하면 우리말의 틀이 무너지고 틀이 무너지면 그건 이미 우리말이 아니기 때문이다."라고 답할 것이다.

사실 '너무'가 긍정의 의미로 허용된 것도 불만이다. 대중이 늘 옳은 것은 아니다. 그런데 대중이 광범위하게 사용한다고 해서 허용하면 그전까지 불허不許한 까닭과 원칙이 무너지는 것이 아닌가. 그러한 변화가 우리말의 변화, 확장에 기여한다면 당연히 허용하여야 할 것이다. 그러나 우리말의 왜곡과 축소를 초래한다면 아무리 시대적 흐름이라고 하더라도 불허해야 하지 않겠는가.

잘못된 것을 알면서 사용하는 것과 잘못이 아니니 마음대로 사용하라는 것은 전혀 다르다.

'너무'가 긍정적으로 사용되어서는 안 되던 시절에는 99명이 '너무'를 쓰더라도 한 명이 '무척', '매우', '대단히', '굉장히', '참(으로)', '아주', '많이'…… 같은 표현을 쓰면서 우리말의 다양한 표현을 지켜 왔다. 그러나 이제 그 누구도 다른 사람이 자주 쓰지 않는 표현을 쓰려는 노력을 기울일 필요가 사라졌다. 나아가 나만 '너무'를 쓰지 않으면 당신에 대한 나의 사랑이 '너무' 작은 것은 아닌지 의구심마저 품게 되었다.

1) 너무 보고 싶었어. (일정한 정도나 한계를 훨씬 넘어선 상태만큼 보고 싶었어.)
2) 참 보고 싶었어. (사실이나 이치에 조금도 어긋남이 없이 과연 그럴 만큼 보고 싶었어.)
3) 무척 보고 싶었어. (다른 것과 견줄 수 없이 보고 싶었어.)

어떤 표현의 정도程度가 가장 셀까?

사람마다 다를 것이다. 그러나 오늘날 언중 대다수는 1)번을 가장 선호한다. 그리고 나머지 표현들은 날이 갈수록 사라지고 있다.

향후 국립국어원의 허용에는 더욱 신중한 판단이 필요하다는 말을 장황하게 하였다. 허용은 미처 생각하지 못한 부작용을 수반할 수도 있기 때문이다. 모두가 “예.”라고 할 때 “아니오.”라고 말할 수 있어야 한다. 그리고 그 “아니오.”가 필요한 것은 단순한 부정이 아니라 ‘악화惡貨가 양화良貨를 구축驅逐’할 때, 마지막까지 양화를 지키려는 바름의 실천이기 때문일 것이다.

7 한글애국주의 대 한자사대주의

오늘날 우리말은 한글과 동의어가 되었다. 한글은 우리말뿐 아니라 세계 어느 나라 말도 쉽게 표기할 수 있는 우리나라 고유의 문자인데 언제부터인가 우리말 = 한글이 된 것이다. 그 결과 우리말 속 한자어도 한자로 표기하면 한자사대주의로 매도罵倒당하는 시대가 되었다.
과연 그래도 되는가?

지금도 영어권뿐 아니라 서양의 많은 나라에서 라틴어를 가르치고 있다. 그러나 그 어떤 나라도 '그리스 사대주의', '라틴 사대주의'라는 말을 쓰지 않는다. 그런데 왜 우리나라는 한자만 쓰면 '한자사대주의'로 매도되는지 이해가 되지 않지만 현실은 그렇다.
그렇다면 한글만으로 우리말을 표기하는 것이 진정 우리말을 아끼고 사랑하며 지키는 길인지가 궁금하다.

왜 미국 학교에서는 라틴어를 가르치는 것일까?

간단하다. 인간은 기본적으로 뿌리와 효율이라는 두 종류 바퀴로 굴러가는 존재이기 때문이다.
뿌리는 자신이 어디서 와서 어디에 머물다 어디로 가는지 알고자 함이요, 효율은 그 과정을 가능하면 합리적으로

 추진하는 방식이다.
효율만을 중시하면 뿌리, 즉 역사History를 배울 필요가 없을 것이요, 효율이 중요하지 않다면 늘 지나간 족보만을 외우고 있으면 될 일이다.
그러나 인류는 짐승과 달랐으니 어떤 열매도 뿌리 깊은 나무 없이는 열리지 않음을 잘 알았다. 그래서 얼핏 보면 전혀 상관없을 듯한 효율과 뿌리, 요즘 말로 하면 경제와 역사가 하나인 것이다.
라틴어는 영어의 뿌리요, 그 뿌리를 튼튼히 심으면 심을수록 효율, 즉 영어로부터 얻는 과실 또한 크다.
우리는 어려서부터 영어는 뛰어난 소리글자요, 그래서 아직도 고리타분한 뜻글자를 쓰는 중국이나 동양권에 비해 문명이 뛰어나며 그래서 영어를 배우는 대신 한자는 이 땅에서 척결해야 한다고 배웠다.
과연 그런가?
영어가 그토록 뛰어난 소리글자라면 알파벳만 아는 사람이라면 그 어떤 영어 단어도 보는 즉시 읽어야 한다. 소리글자의 특징이 그것 아닌가 말이다. 보면 읽을 수 있는 것. 바로 한글처럼 말이다.
그러나 안타깝게도 그러지 못한다.

refrigerator [rifrídʒərèitər]
1.냉장고
2.냉동기

아하! 냉장고를 뜻하는 refrigerator는 refrigerator로 읽는 대신 rifrídʒərèitər로 읽어야 하는구나. 이것이 영어사전이 우리에게 가르쳐 주는 교훈이다.
이처럼 복잡한 단어만 그러할까?

is [íz]
be의 3인칭·단수·직설법·현재형

고작 두 글자로 이루어진 이 단어도 is로 읽는 대신 íz로 읽어야 한다고 가르치고 있지 않은가.
그렇다. 우리가 세계에서 유래가 없을 만큼 뛰어난 소리글자라고 배웠던 영어가 알고 보니 소리글자가 아닐 수도 있는 것이다. 그렇다면 보고 읽지 못하는 소리글자(영어)라면 뜻이라도 품고 있는 뜻글자(한자)보다도 못한 것 아닐까?
그러나 이런 사고 또한 언어를 다루는 방식이 아니다. 문자와 언어는 그 어떤 것도 순위를 매기거나 가치가 어느 정도라고 평가할 수 없다. 문자와 언어는 그것이 어떻든 모두 인류 문명의 산물로서 그 자체로 소중하고 무한한 가치를 품기 때문이다.

그런 면에서 아마도 우리나라는 세계에서 드물게 이 문자와 저 문자를 비교, 평가해서 우리 한글이 세계에서 가장 뛰어난 문자라고 줄기차게 가르치는 나라일지 모른다. 다른 나라의 문화가 우리 문화에 비해 뒤떨어졌다고 학교에서 가르치는 나라. 글쎄 각 나라의 독자적인 문화를 뒤떨어진 것이라느니 뛰어난 것이라느니 가르치는 것이 옳은지 모르겠지만 그야말로 비문화적非文化的인 것만은 분명해 보인다.

그럼에도 가치 평가를 허락해 준다면 나는 영어가 세계에서 가장 뛰어난 문자 가운데 하나라고 말하겠다. 왜? 소리글자적 요소와 뜻글자적 요소를 두루 갖추고 있으니 한 가지만 갖춘 문자에 비해 효율적이지 않겠는가 말이다.

간단히 생각해 보아도 소리글자가 뜻글자적 요소를 포함하고 있다면 뜻글자의 장점을 품고 있겠지 단점을 품겠는가? 헤르만 헤세가 그의 대표작 《유리알 유희》에서 "고대 중국 문자와 비슷하며, 개인적인 공상이나 창의력을 차단하지 않으면서도 전 세계 학자들이 이해할 수 있을 만큼 가장 복잡한 것까지도 도안으로 표현해 낼 수 있는 것"[19]이라고 말했듯이 말이다. 반대로 뜻글자가 소리글자적 요소를 포함하고 있다고 해도 마찬가지 아니겠는가. 그래서 나는

19 《유리알 유희 1》 46쪽, 헤르만 헤세, 이영임 옮김, 민음사, 2011.

소리글자가 뜻글자적 요소를 품고 있는 것이 장점이면 장점이지 단점이라고 여기지 않는다. 만일 소리글자에 뜻글자적 요소가 섞여 있는 것이 단점이라고 여기는 이가 있다면 그는 효율이 아니라 뿌리만을 중시하는, 즉 우리 겨레는 백의민족이어야 하고 몽골반점을 타고나야만 한다는 경직된 사고의 소유자임이 분명하다.

그러니 미국[20] 학교에서 청소년들에게 라틴어를 가르치는 것은 미국 교육이 세계를 이끌어 갈 만큼 유연하고 합리적인 사고를 갖추었고, 나아가 그런 사고를 청소년들에게 가르친다는 반증反證임이 분명하다.

우리 문자가 뛰어난 만큼 우리 문자에 담긴 다른 문자적 요소에 신경 쓸 필요가 없다고 여기는 대신, 우리 문자의 뿌리는 다른 문자요, 그 문자의 요소가 지금도 담겨 있으니 그 문자를 배워 우리 문자를 더 잘 이해하고, 지금은 찾아보기 힘든 문자적文字的 상상력까지 내 것으로 만들자는 가르침은 얼마나 가치 있는가.

그러니 라틴어를 쓸데없다고 여기는 대신 모든 청소년들에게 가르치는 것은 여러모로 소중한 행위이다.

20 여기서 미국을 예로 든 것은 우리나라에서 영어 하면 미국을 떠올리기 때문에 그런 것이지 특별히 친미적이거나 미국이 세계 모든 나라를 대표한다고 여기기 때문이 아니다.

 당연히 라틴어를 배움으로써 미국의 청소년들은 자신의 언어가 라틴어에서 왔다는 뿌리 인식과 더불어 ex-가 붙으면 '바깥', '비(非)', '초(超)' 같은 의미를 품는다는 효율까지 얻을 수 있다. 그뿐이랴. inter-가 붙으면 '~사이의', '상호간의' 같은 뜻을 갖는다는 사실도 깨닫는다.

왜 우리나라 학교에서는 한자를 안 가르치는가?

그렇다면 우리나라는 어떠한가?
국어사전에 나오는 우리말의 절반 이상[21]이 한자에서 비롯한 언어 체계를 사용하는 대한민국에서 한자를 가르치자고 하면 그 즉시 중국사대주의자요, 세계에서 가장 뛰어난 문자의 가치를 못 알아보는 과거회귀주의자가 되는 현실은 왜 대두하였을까?
앞서 살펴본 세상 모든 것을 비교, 평가하는 문자 순위주의順位主義, 그리고 아직도 중국사대주의를 무시하지 못한 채 어떻게든 그로부터 벗어나려는 안간힘 탓이 아닐까. 중국을 우리와 동등한 존재로 보는 사람들에게 중국은 중국일 뿐이요, 한자漢字는 한자일 뿐이다. 그러나 중국과 우리 사이를

21 학자마다 다르고 분야마다 다르기 때문에 가장 적게 잡은 비율이다.

동등하게 보지 않고 감정을 이입해 보는 사람들은 지금도 중국 이야기만 나오면 질겁한다. 도대체 중국이 어떤 나라고 한자가 어떤 문자이기에 그토록 멀리하고 싹을 잘라 없애야 하는 것인가? 그런 분들에게 묻고 싶다.

"유치원부터 영어 몰입교육을 하는 것은 우리말 발전에 도움이 되고, 한문漢文도 아니고 고작 한자漢字 몇 글자 가르치는 것은 우리말을 망치는 지름길입니까?"

등고선, 등압선, 등온선에서 '등'이 '같다'는 뜻을 갖는 한자 '등等'에서 유래한 것임을 알려 주는 것이 우리말을 망치는 지름길인가?
이것이 영어 international, interior, internet을 따로 외우는 대신 inter-, 즉 '~사이', '상호간', '협력', '다양한', '연동' 같은 뜻으로부터 유래한 단어라는 사실을 파악하는 것과 도대체 무엇이 다른가.
등고선等高線은 '같을 등', '높을 고', '줄 선'이니까 '같을 등', '누를 압', '줄 선'이구나. 등압선等壓線은 '같을 등', '온도 온', '줄 선'이니까 '같은 압력을 연결해 놓은 선'이고, 등온선等溫線은 '같을 등, 온도 온, 줄 선'이니까 '같은 온도끼리 연결해 놓은 선'이구나, 하고 이해하는 것이 왜 그토록

 거부해야 할 일인가.

등고선(等高線)
「명사」『지리』
지도에서 해발 고도가 같은 지점을 연결한 곡선. 평면도에 땅의 높고 낮음을 표시하는 가장 좋은 방법이다.

등압선(等壓線)
「명사」『지리』
일기도에서 기압이 같은 지점을 연결하여 이은 선. 고기압이나 저기압의 분포를 나타내기 위한 것으로 보통 4밀리바(mb) 간격으로 그린다.

등온선(等溫線)
「명사」『지리』
일기도에서 온도가 같은 지점을 연결하여 이은 선.[22]

꼭 이렇게 외우고 설명해야 하는가? 그 길이 진정으로 우리 청소년들에게 어려운 한자를 가르치는 대신 쉽게 과학을 알려 주는 길인가? 그렇다면 왜 국립국어원의

22 《표준국어대사전》, 국립국어원.

《표준국어대사전》에서는 한자 等高線, 等壓線, 等溫線을 병기하는 것인가?
솔직히 말하자면 오늘날의 젊은이들에게는 等高線, 等壓線, 等溫線은 아랍어만큼이나 이해하기 힘든 이른바 '꼬부랑 글자'에 불과하다. 그러니 그보다는 영어 contour line, isobar, isotherm을 병기해 주는 것이 글로벌 시대에 더 효과적일지 모른다. 많은 학부모와 한글전용주의자들도 한자보다는 이를 환영할 것이다.
그러나 농반진반弄半眞半으로 넘기기에는 한글애국주의와 한자사대주의의 이분법적 사고가 우리 삶과 문화에 미치는 영향이 너무나 크다.

이번에는 다음 텔레비전 화면 하나를 보자.

'유해용[23] 문건 갈등'이라니. 내가 이 문장을 얼핏 보고 '유해용有害用 문건'으로 이해했다면 많은 분들이 비웃을 것이다.

"유해성 문건이나 유해한 문건은 있겠지만 어떻게 유해용 문건이 있다는 말이오?"

맞다. 조금만 생각해도 유해용 문건은 없다. 그러나 '유해有害'라는 단어가 머릿속에 일상적으로 떠오르는 사람의 경우에는 다르다. '유해' 하는 순간 '유해有害'를 떠올리는 것이 왜 그리 비웃음의 대상이 되는가. 솔직히 말하자면 글을 썩 많이 안 읽는 사람들은 '유해용'이라는 단어에 대해 아무런 느낌이 들지 않을 수도 있다. 그러나 글을 일상적으로 읽는 사람은 '유해' 하는 순간 '유해有害'를 떠올린다.

이뿐이 아니다.

23 화면 속 '유해용'은 2018년 하반기에 사법 농단 사건과 관련하여 소환 조사를 받은 전 대법원 수석재판연구관의 이름이다.

다음 신문 사진을 보자.

자에 대한 배상 문제 등 법여성학의 문제를

를 잡을 수 있다고 자랑한 남성이 미국의 대통령이 된 현실은, 성별간 권력의 불균형을

"41년간 우리 정부문서 영역 맡아 행복했어요"

에리자벳 지크랩트 국민훈장 모란장
한국인과 결혼…해외문화홍보원 퇴직

41년간 우리 정부문서의 영역 감수 업무를 맡아온 에리자벳 지크랩트(78·사진)가 국민훈장 모란장을 받는다. 문화체육관광부 해외문화홍보원은 30일 홍보원에서 퇴직하는 에리자벳에게 국정 해외홍보 유공자로 선정해 2등급 훈장을 수여하기로 했다.

에리자벳은 1960년대 초 미국 평화봉사단 일원으로 한국과 처음 인연을 맺었다. 귀

정된 대한민국헌법(헌법 제10호)을 비롯해 대통령의 주요 연설문과 외국 정상에게 보내는 친서, 남북정상회담 발표문, 대국민 담화 발표 등 주요 국정 현안, 청와대와 정부부처 정책보도 등 수많은 자료의 영역을 감수했다.

그는 "한국 연설문은 사실적 기술보다는 감정적 단어를 많이 사용해 외국인들이 이해하기 어려울 때가 많았다"며 "연설문 내용의 수위 조절, 외국인이 이해하기 쉬운 단어

위 사진은 꼬투리를 잡기 위해 수많은 신문을 이 잡듯 해서 찾아낸 사례가 아니다. 어느 날 하루에 온 신문을 읽다가 내가 혼란을 겪은 대목일 뿐이다. 만일 1주일치 신문만 살펴보아도 이보다 몇 배 많은 사례를 찾아낼 것이다.

사진 속 기사 제목을 보자.

"41년간 우리 정부문서 영역 맡아 행복했어요."

나는 이 제목을 보고서 첫눈에 '이게 무슨 말이지?' 하고

 자문할 수밖에 없었다.

처음에는 '정부문서'라는 대목에서 '정正 부문에서'라고 해석했던 것이다. '~ 부문에서'라는 문구는 자주 쓰는 것이니 말이다. 그런데 이상하다고 느낀 순간 금세 깨달았다. '정부政府 문서文書'라는 사실을 말이다. 나는 독해력이 떨어진다고 인정하고 넘어간다. 그런 다음에는 '영역'이 문제였다. '정부 문서라는 영역領域'을 맡았다고 이해했던 것이다. 그런데, 부제목을 보니 '에리자멧 지크랩트 국민훈장 모란장'이 아닌가. 그렇다면 '영역'은 '영역領域'이 아니고 '영역英譯'일 수도 있겠구나 싶었다. 그래서 본문을 읽어 보니 역시 '영역英譯'이었다.[24]

이 내용에 대해 한글애국주의자들께서는 반문하실 것이다. "첫째, 당신의 독해력은 심각한 수준이다. 어찌 정부문서를 '정 부문에서'로 읽는단 말인가? 두 번째, 크게 양보해서 영역은 영역領域과 영역英譯을 혼동할 수 있다고 치겠다. 그러나 이는 다시 한 번 또는 아랫부분까지 읽어 보면 영역英譯임을 쉽게 알 수 있다. 그러니 이 정도를 가지고 한자를 쓰자는 주장은 말

24 현실 속에서 일어나는 한자어 단어의 혼동을 통해 한글전용주의의 꼬투리를 잡으려는 심산이었다면 이런 사례 이전에 무수히 많은 사례를 들 수 있다. 그러나 나는 그런 논란을 하자는 것이 아니다. 실제로 조금만 양보하면 이런 비효율, 비능률, 혼란은 막을 수 있지 않은가 말이다.

그대로 한자사대주의일 뿐이다."
그럴지 모른다. 내가 한자를 신봉하는 한문, 아니 한자사대주의자일지 모른다. 그런데 이런 사실은 어떨까?

첫째, 중국과 우리보다 더 견원지간犬猿之間일지도 모르고 모든 면에서 중국과 훨씬 치열한 경쟁 관계에 있는 일본은 왜 아직도 한자를 충분히 쓰는 것일까? 우리가 배웠듯이 일본어는 한글에 비해 너무나 비과학적이고 뒤떨어지는 언어라서 한자 없이는 도무지 문자생활이 불가능하기 때문일까?
둘째, 이 문장은 어떤가.
'41년간 우리 政府文書 英譯 맡아 행복했어요.'[25]

25 눈이 있는 분이라면 아래 두 문장을 비교해 보시라. 어떤 차이가 있는지.
1) "41년간 우리 정부문서 영역 맡아 행복했어요."
2) "41년간 우리 政府文書 英譯 맡아 행복했어요."
위 문장은 책깨나 읽었다는 나도 한 글자 한 글자 읽지 않을 수 없다. 그러나 두 번째 문장에 등장하는 한자(漢字) 어휘는 절대 한 글자씩 읽지 않는다. 보는 순간 앞의 단어는 네 글자가 한 단어로, 뒤는 두 글자가 한 단어로 읽힌다. 만일 그렇게 읽히지 않는 분들이라면 정말 하소연하노니 6급 이하 한자만 두세 달에 걸쳐 배워 보시길 바란다.

만일 누군가가 오늘날 일반적으로 알려진 급수한자라는 기준에 따라 저급低級, 즉 6급 이하의 한자들만 읽을 줄 안다면 위 문장을 이해하는 데 어떤 단점 또는 장점이 있을까?

첫째 의문에 대해서는 언어학자들이 답해야 한다. 그러나 내 부족한 식견만 동원해 보아도 일본어 또한 한자 없이 사용 가능하다. 100년 전 일본의 단행본을 보면 오늘날의 일본 단행본에 비해 훨씬 많은 한자를 사용하고 있음을 확인할 수 있으니 말이다. 줄일 수 있으면 결국 안 쓸 수 있다. 다만 지금보다 훨씬 불편할 것이다. 그러나 독립과 자존심을 지키기 위해서는 그 정도 불편함은 감수해야 한다고 일본의 극우파極右派들은 외칠지 모른다. 둘째 의문에 대해 우리나라의 한글애국주의자들이 그렇게 외치고 있으니 말이다.

그러나 문자는 애국愛國의 대상이 되어서는 안 된다. 언어는 애국의 대상이 아니라 문화 교류의 수단이니까 말이다. "금메달, 한글, 은메달, 영어, 동메달, 불어!"를 외치는 것은 문화의 장場이 아니다.

한글애국주의, 즉 한자漢字는 이 땅의 모든 문화계에서 뿌리를 뽑아야 하고 모든 사상, 철학, 역사, 감정, 느낌은 오직 한글로만 표현해야 한다는 사고는 결국 이 땅의 모든 문화를 영어를 비롯한 서양 언어의 굴레에 묶는 결과를 초래할 뿐이다.

한글전용주의자들이 주장하는 또 하나는 어려운 한자를 학습 과목에 더해서 안 그래도 학습 때문에 힘든 청소년들을 더 힘들게 하느냐는 것이다.
그런데 이 주장이야말로 비합리非合理의 극치다.
어려운 것은 가르치지 말자는 것이 주장의 논지論旨라면 수학도, 화학도, 특히 아인슈타인을 제외하면 거의 모르는 물리도 청소년들에게 가르치지 말아야 한다.
다른 어려운 것은 필요한 지식인 반면 한자는 필요 없으니 가르치지 말자는 것이라면 더더욱 앞뒤가 안 맞는다.
국어사전, 즉 우리말 사전에도 일상적으로 등장하는 한자 어휘를 이해하는 데 필요한 한자 3,000자가 쓸데없다면 영어 단어 3,000개는 언제 써먹어야 하는가? 우리나라 시민 모두가 영어를 필요로 하는 직업에 종사하지는 않을 텐데, 왜 온 국민이 영어를 배워야 하는가. 한자는 우리말 학술어 대부분뿐 아니라 일상어 가운데서도 절반 이상이 한자어에서 왔으니 도움이라도 된다고 치자. 도대체 냉장고를 refrigerator라고 외우는 것이 왜 필요한가? 미국인과 냉장고에 대해 이야기할 거라고? 미국인과 냉장고에 대해 이야기할 시민의 숫자가 전 국민이 냉장고 영어 단어를 외워야 할 만큼 다수를 차지한다고 믿는가?
나는 고등학교를 졸업한 후 단 한 번도 화학반응식(인지 방정식인지 잘 모르겠다. 학교 다닐 때도 도무지 이해가 가지 않아 포기했으니까)을 사용한 적이 없다. 삶과 관련된 어떤 화학 상식을 이해할 때 화학반응식이 필요한지 모르겠지만 지금까지는 별 불편함 없이 살아왔고, 화학반응식 모르면서도 무수히 많은 과학 분야 도서들을 읽을 수 있었다. 그렇다고 화학반응식을 가르치지 말자고 주장하지 않는다. 아무리 어려워도 분명 시민의 문명 기반 강화를 위해 필요하니까 가르칠 것이라고 어렴풋이 짐작할 뿐이다.

그 외에도 한글전용주의자들의 주장 가운데는 그럴 듯한 것이 많다. 예를 들면 법원에서 사용하는 어려운 한자어漢字語들은 법원 관계자들이 자신들의 지적知的 철옹성을 쌓아 시민의 접근을 어렵게 하기 위한 수단이니 쉬운 우리말로 풀어쓰자는 주장도 있다.
일정 부분 맞다. 나는 법원에서 사용하는 어려운 용어 사용을 변호하고자 하지 않는다. 많은 부분은 고치는 것이 맞다. 그러나 본질적으로 어려운 단어를 풀어 쓰자는 주장에는 동의할 수 없다. 그렇게 되면 대부분의 학술어는 다 풀어 써야 할 텐데, 도대체 그게 가능한 주장이라고 여기는가. '어렵다'는 것은 또 누가 판단할 것인가.

그런 주장은 독서와는 담 쌓고 게임과 영상에 몰두한 젊은이들이 자신의 독해력 결핍을 반성하기는커녕 정당화正當化하고 오히려 배운 사람을 우습게 여기는 수단으로 전락하도록 만들 뿐 아닐까?

'진지빤다.'[26]라는 저속한 표현이 청소년들 사이에 회자膾炙[27]된다는 이야기를 듣고 우리나라의 미래에 대해 절망하기 시작했다. 점수 따기 위한 공부가 아니라 다양한 문명을 접하기 위해 책 읽고 철학적으로 사고하는 친구들을 향해 던지는 이 비아냥이 어찌 단순한 농담거리겠는가.

26 2017년 4월 27일자 〈시사제주〉에는 이런 칼럼이 게재되었다. "진지빨다"란 비속어가 있다. "진지한 척한다"는 말로 요새 어린이들부터 청소년, 청년들 사이에서 쓰이고 있는 말이다. 한 유명강사가 강의 도중 우리나라의 암울한 미래에 대해서 언급한 영상을 본 적이 있었다. 강사는 정직한 행동을 한 아이가 있다고 했을 때 예전 같으면 선생님부터 주변 친구들까지 마땅하게 칭찬하고 격려했지만, 흔히 말하는 요새 아이들 사이에서는 "진지빨고 있네……."라며 놀림의 대상이 되고 있다고 한다. 이런 사회에서 누가 도덕적으로 행동할 것이고 누가 윤리를 이야기하며 누가 청렴하게 살 수 있을까?'
- 제주시 정보화지원과 신재현 주무관의 글에서 전재.

27 이런 말을 쓰는 것에 대해서도 한글전용주의자들은 '현학적' 취미라고 몰아붙일 것이다. 그런데 이 표현을 쓰는 대신 '자주 사용한다'라거나 '많이 쓴다'라고 하는 편이 나은가. 당연히 알아듣기는 쉬울 것이다. 그러나 '회자된다'는 표현이 갖는 어감과 느낌은 그와 다르다. 언어라는 게 뜻만 전달하는 것이라면 왜 그리 많은 표현과 어휘가 있겠는가.

자신의 주장을 합리화하기 위해 지엽적枝葉的인 논리를 견강부회牽强附會하지 말자. 그러다 보니 한글애국주의자 가운데는 패스트푸드(fast food)를 '빠른밥'이라고 쓰자는 놀라운(?) 머리, 아니 상상력의 소유자도 있다. 그런 주장을 버젓이 좋은 생각이라고 소개하는 신문은 또 어떤가?[28]

마지막으로 순한글 문장을 주장하고 사용한 까닭에 지속적으로 겪는 독해讀解의 어려움 가운데 최근 읽은 책의 한 대목을 제시하는 것으로 마무리하겠다.

> 최초의 두 《우파니샤드》는 《브라마나》의 세계에서 단절 없이 등장했다. '숲의 책' 《아라냐카》와 마찬가지로 이 텍스트들 역시 여러 사제 학파가 내놓은 《브라마나》 주석에 덧붙은 비의적인 부속 문헌이었다.[29]

우리는 언제까지 이런 문장을 읽어야 하는가. 이 문장을 이해할 수 있는 한글세대 젊은이가 과연 몇 명이나 있을까?

28 2017년 7월 7일자 《한겨레》.

29 《축의 시대》, 카렌 암스트롱, 정영목 옮김, 교양인, 2010, 219쪽.

전문가가 아니라면 이런 한자어투성이의 글은 읽지 않아도 된다고 말할 것인가? 그러면서도 책 속에 길이 있다고, 스마트폰은 내려놓고 책을 읽으라고 젊은이들에게 이야기할 수 있을까. 자문自問하고 자답自答한다.

우리만의 단어를 만들어야 하지 않겠는가!

오늘날은 두말할 나위 없이 이른바 '세계화' 시대다. 그러니 어제 미국에서 발명한 상품이 오늘 이 땅 한복판에서 선을 보인다. 당연히 우리 제품 또한 개발하자마자 인도 중심지에 선을 보인다.
이런 세상이 좋다, 나쁘다를 이야기하고자 하지 않는다. 나는 문명학자文明學者가 아니기 때문에 그런 내용은 모른다. 다만 아래 내용은 실천적으로 알게 되었다.
오늘날 우리말의 조어력造語力을 획기적으로 향상시키지 않으면 21세기 내에, 솔직히 말하자면 불과 몇 십 년 내에 우리말은 형용사, 부사, 접미사, 어미를 제외하고 다 사라지겠구나. 한글로 표기할 뿐 우리는 외국어를 사용하게 되겠구나.
솔직히 말하자면 우리말은 한글전용주의를 채택한 후 조어력이 급속히 약화되었다. 그러다 보니 오늘날 현대 문명을 이끌고 가는 서양어가 물밀듯이 밀려오는 순간, 그를 방어할 아무런 언어적 대비책對備策도 갖지 못하게 되었다.
주위를 돌아보라. 새롭게 등장하는 문물文物의 90% 이상이 서양에서 나온 것인 이 시대에 그 문물을 지칭指稱하는 우리말이 과연 얼마나 되는가. 다행히도 기본이 되는 문물이 서양에서 유입되던 시기에 우리는 한자漢字 혼용混用을 하고 있었다. 그래서 전화電話니 전기電氣니 식탁食卓이니 자동차自動車, 변호사辯護士, 기차汽車, 냉장고冷藏庫, 과자菓子 같은 단어를 지금도 사용하고 있다.
물론 이런 단어도 한자어니까 우리말이 아니라고 우기는 사람이 있을 것이다. 그러나 그런 언어 독립군들에 대해서는 언급하지 않기로 하자.
만일 전기가 오늘날 들어왔다면 과연 무엇이라고 불렀을까? 당연히 '일렉트리서티'라고 했을 것이다. 오늘날 새롭게 소개되는 서양 문물 가운데 어느 정도의 비율이 우리말 구조(한자어는 우리말이 아니라고 주장할 사람들이 있으니까 조심스러워서 이런 표현을 쓴다)를 갖고 우리말 속에 녹아들었을 것인가.
컴퓨터, 스마트폰 같은 일상 도구로부터 '케미'니 '스탠스'니 '비건'이니, '마니아'니 '네일 아트', '셰프', '소믈리에', '헤어 디자이너'에 이르기까지 이제 우리는 우리 조상들이 사용하던 말조차 영어로 바꾸어가고 있는 중이다. 그러니 새로이 등장하는 어휘를 외국어로 사용하는 것은 말할 필요조차 없다. 그렇다면 이 세계화 시대에 날이 갈수록 우리 언어생활은 서양어가 잠식할 것이고, 이 세기世紀가 끝날 무렵이면 그 비율이 우리말 비율보다 더 높을 것은 불문가지不問可知 아니겠는가 말이다.

이제 우리만의 단어를 만들 때가 되었다.
외국 문물은 원산지 명칭을 사용하는 게 당연하다고 여기는 분들이라면 우리 언어생활에서 하루도 쓰지 않고 넘어갈 수 없는 '컴퓨터'라는 용어조차 세계인 가운데 대부분이 사용하지 않는다는 사실부터 알아야 한다.[30]
우리는 지금 영어라는 유령을 실재實在로 믿고 있는 것은 아닌지 돌아보아야 한다.
그리고 다른 나라에서 들어온 문물을 우리식으로 부르는 문제를 심각히 고민해야 한다. 그토록 우리말을 사랑하는 분들마저 왜 모든 문물의 명칭을 다른 나라의 것으로

30 필자의 조사에 따르면 '컴퓨터'를 '컴퓨터'라고 부르는 나라는 미국, 영국 등 영어권 국가 외에는 아무리 살펴봐도 우리나라 외에 별로 없다. 일본조차 컴퓨터보다는 '퍼스컴'이라는 자신들이 만든 조어를 사용하고 있다. 물론 자신들의 기괴한 영어지만. 스페인어, 중국어, 프랑스어, 베트남어에는 각기 다른 명칭이 있으니 그 언어를 사용하는 인구만 해도 영어를 사용하는 비율과는 비교도 할 수 없을 만큼 많지 않은가 말이다.

받아들이는 문제에 대해서는 특별한 대책을 내놓지 못하는가. 그리고 그러한 현상의 바탕에는 우리말의 조어력이 현저히 떨어진다는 당연한 사실이 있다는 사실을 왜 받아들이는 데 주저하는가.
우리말의 장점, 한글의 장점이 있으면 단점도 있는 것이 세상의 이치다. 그러니 객관적 시각을 유지하는 것이 문명인의 기본 자질임을 더 이상 강조할 필요는 없을 것이다.
우리만의 단어를 만드는 일에 시민, 나아가 정부가 나서야 한다. 그렇지 않으면 불과 몇 십 년 후에 외국어를 표기하는 한글만이 남고 우리말은 형해形骸만을 남기고 사라져 갈지 모른다.

8 글을 맺으며

오늘 이 순간, 세상은 입에 발린 말이 아니라 참으로 하루가 다르게 변모하고 있다. 지구 또한 수십억 년에 걸쳐 형성해 온 다양성多樣性을 뒤에 남기고 단일한 하나로 만들고 싶은 인류의 탐욕 탓에 길을 잃고 방황하는 듯 보인다. 환경도 하나, 문화도 하나, 언어도 하나가 지구의 운명을 틀어쥔 강대국이 노리는 바일 것이다.

그러나 인류 문명은 늘 그렇듯 호락호락 강대국의 뜻대로 움직이지 않는다. 지금 이 순간, 한 가지 문자만으로 세계를 통일하고 싶어 하는 자들보다 더 강력하고 더 드넓은 지역을 다스리던 제국帝國들조차 결국에는 역사의 뒤안길로 사라진 것은 옛이야기가 아니다. 역사란, 나아가 문화란 그리 쉽게 통일되는 것이 아니다. 아니, 통일하고 싶다고 통일된다면 문화가 아닐지 모른다.

언어 또한 마찬가지다. 언어가 단일화된다면 문화가 단일화되는 것이요, 단일 문화가 된다면 민족 또한 단일화되는 것임은 두말할 나위가 없다. 민족의 단일화란 다양성의 소실消失이니 이는 곧 수많은 민족의 멸종滅種을 의미한다. 그런 날이 올 것이라고 믿는가. 그런 날이 와야 좋겠는가. 지금 당장 우리말, 그리고 한글의 독자성을 지키기 위해 나서야 한다. 지금 나서지 않으면 더 이상 돌이킬 수 없을 만큼 늦을지 모른다.